Vorwort

Liebe Leserinnen und Leser,

Hand aufs Herz: Wissen Sie eigentlich genau, warum wir Pfingsten feiern? Oder was genau am Buß- und Bettag passiert? Wenn Sie jetzt innerlich überlegen müssen – dann geht es Ihnen wie Vielen anderen auch. Und genau darum gibt es dieses Buch.

„Mama, was feiern wir eigentlich?" – Diese Frage kann uns ganz schön ins Schwitzen bringen. Vor allem, wenn sie von einem neugierigen Kind kommt, während man gerade nur schnell die Geschenke einpacken oder das Kartoffelgratin retten wollte. In solchen Momenten wird uns bewusst: Wir feiern Vieles – aber wissen oft erstaunlich wenig darüber.

Dieses Buch ist deshalb eine Einladung. Nicht nur an Eltern, die es gerne erklären können möchten, wenn die Kinder nachhaken. Sondern auch an Erwachsene, die sich selbst – ganz heimlich – fragen: Was hat es mit all diesen Tagen eigentlich auf sich?

Ich möchte Sie mitnehmen auf eine Reise durch unser Kalenderjahr. Sie erfahren nicht nur die Ursprünge der Feste, sondern auch, warum sie heute noch Bedeutung haben – für uns als Menschen und als Gesellschaft.

Vielleicht hilft Ihnen dieses Buch dabei, Ihre Kinder mit neuem Wissen zu beeindrucken.

Vielleicht aber auch, das eigene Verständnis zu vertiefen – ganz ohne schulmeisterlichen Ton. Und wer weiß: Vielleicht entdecken Sie dabei sogar einen Feiertag neu, der Ihnen bislang wenig gesagt hat.

Ich wünsche Ihnen viele Aha-Momente, ein paar Schmunzler – etwa, wenn die berühmte Segensformel C+M+B mal wieder für ein kreatives Mathe-Rätsel rund um Caspar, Melchior und Balthasar gehalten wird – und vor allem: eine neue Wertschätzung für das, was wir da Jahr für Jahr feiern.

Herzlichst,

Karl-Heinz Neubauer

Mama, was feiern wir eigentlich?

Eine Entdeckungsreise durch die Feiertage in Deutschland und ihre tiefen Bedeutungen.

GlaubensWerke

Bildnachweise:
Die im Buch verwendeten Bilder stammen aus lizenzierter Nutzung von **Adobe Stock** sowie aus eigenen Produktionen im Rahmen der Publikation durch den
Herausgeber:
GlaubensWerke, eine Marke von Werke Medien

Verlag:
BoD · Books on Demand GmbH, Überseering 33, 22297 Hamburg, bod@bod.de
Druck:
Libri Plureos GmbH, Friedensallee 273, 22763 Hamburg

Verantwortlich für den Inhalt gemäß § 18 Abs. 2 MStV:
Karl-Heinz Neubauer:
Impressum@Werke-Medien.de
ISBN: **978-3-8192-8128-0**

Inhaltsverzeichnis

Neujahr
– Ein Neuanfang

- **Datum**: 1. Januar
- **Kalenderbezug**: Neujahr wird weltweit am 1. Januar gefeiert, um den Beginn des neuen Kalenderjahres zu markieren. Diese Datierung folgt dem gregorianischen Kalender, der heute international die meiste Verwendung findet.

Das neue Jahr beginnt mit einem Knall, buchstäblich. Während bunte Raketen den Nachthimmel erleuchten und knisternde Feuerwerke unsere Sinne überfluten, begrüßt die Welt um Mitternacht das neue Jahr. Aber was steckt eigentlich hinter dieser weltweit gefeierten Tradition? Warum senden wir das alte Jahr mit Lärm und Licht in den Ruhestand und heißen das Neue mit offenen Armen willkommen?

Eine Reise durch die Zeit

Das Feiern des neuen Jahres ist keineswegs eine moderne Erfindung. Bereits im alten Babylon, vor über 4000 Jahren, fand das Neujahrsfest statt, allerdings im März, um den Frühlingsanfang zu markieren. Es war eine Zeit der Erneuerung, sowohl für die Erde als auch für die Gemeinschaft. Die Babylonier nutzten das Fest, um alte Schulden zu begleichen und vergangene Konflikte zu lösen – ein wahrer Neuanfang also.

Silvester in Deutschland

In Deutschland hat das Neujahr eine ganz eigene Note. Es ist nicht nur der Beginn eines neuen Kalenderjahres, sondern auch ein Tag der Besinnung – eine Gelegenheit, Altes hinter sich zu lassen und mit frischen Vorsätzen neu zu starten. Der Brauch des Feuerwerks geht ursprünglich auf den Glauben zurück, dass laute Geräusche böse

Geister vertreiben und das neue Jahr von negativen Einflüssen reinigen. Auch wenn dieser Glaube heute nur noch selten bewusst mitgedacht wird, bleibt das Spektakel des Feuerwerks ein fester Bestandteil der Feierlichkeiten.

Globale Bräuche mit lokalem Flair

Weltweit feiern Menschen den Jahreswechsel – aber auf ganz unterschiedliche Weise. In Spanien isst man um Mitternacht zwölf Trauben, jede steht für einen Wunsch im neuen Jahr. In Dänemark springen die Menschen von Stühlen, um symbolisch ins neue Jahr zu springen und Glück zu bringen.

Auch in Deutschland gibt es traditionsreiche Rituale: das Bleigießen – inzwischen häufig durch umweltfreundlicheres Wachsgießen ersetzt – diente früher der Vorhersage der Zukunft. Die dabei entstehenden Formen wurden gedeutet und mit Hoffnungen für das kommende Jahr verbunden. Trotz aller Veränderungen bleibt der Kern dieser Bräuche erhalten: Neugier und Zuversicht.

Warum wir diesen Tag feiern

Neujahr erinnert uns daran, dass jeder Anfang die Chance auf Veränderung birgt. Es ist mehr als nur der erste Tag im Kalender – es ist ein Symbol für

Aufbruch, für das Loslassen des Vergangenen und die Hoffnung auf das Kommende.

Wir feiern diesen Tag, weil er uns Mut macht, neu zu denken, neu zu planen, vielleicht auch neu zu vertrauen. Und weil er uns einlädt, die Zeit, die vor uns liegt, bewusst und dankbar zu gestalten.

Heilige Drei Könige
– Die Reise der Weisen

- **Datum**: 6. Januar
- **Kalenderbezug**: Der Tag der Heiligen Drei Könige wird am 6. Januar gefeiert, was das Ende der Weihnachtszeit markiert und an die Ankunft der Weisen aus dem Morgenland bei Jesus Christus erinnert.

An einem kalten Januarmorgen, wenn die festlichen Lichter des Weihnachtsfestes gerade erst verklungen sind, feiert ein Teil Deutschlands ein weniger bekanntes, aber tiefgreifendes Fest: das der Heiligen Drei Könige. Dieser Tag, auch bekannt als Epiphanias, markiert das Ende der Weihnachtszeit und erinnert uns an eine Reise, die vor langer Zeit begann – die Reise der Weisen aus dem Morgenland, die einem Stern folgten.

Eine Geschichte von Glaube und Sternen

Die biblische Erzählung berichtet von Weisen aus dem Morgenland, die – oft als Könige dargestellt – von weit her kamen, um das neugeborene Jesuskind zu ehren. Sie folgten einem Stern, der sie nach Bethlehem führte. Dieser Stern, so sagen die Überlieferungen, war ein Zeichen göttlicher Führung und ein Symbol der Hoffnung und des Neubeginns. In Deutschland wird dieser Tag besonders in Bayern, Baden-Württemberg und Sachsen-Anhalt gefeiert, wo er sogar ein gesetzlicher Feiertag ist.

Sternsinger und ihre Mission

Ein besonderer Brauch dieses Tages ist der der Sternsinger. Kinder, als die drei Könige verkleidet, ziehen von Haus zu Haus, singen Lieder, sprechen Segenswünsche und schreiben die Zeichen „C+M+B" an die Türen. Diese Buchstaben stehen einerseits volkstümlich für Caspar, Melchior und Balthasar, werden aber auch als lateinische Segensformel „Christus mansionem benedicat" – Christus segne dieses Haus – verstanden. Die Sternsinger sammeln Spenden für Kinder in Not, und machen so den Tag zu einem gelebten Zeichen von Mitgefühl und Gemeinschaft.

Mehr als nur ein Festtag

Der 6. Januar erinnert nicht nur an eine Reise aus längst vergangener Zeit. Er steht auch für die Suche nach Orientierung – nach einem Stern, der leitet, nach einer Wahrheit, die trägt. Die Überlieferung von den Weisen verbindet äußere Wegstrecke mit innerer Haltung: Vertrauen, Erkenntnis, Mut zum Aufbruch.

Die Bedeutung für heute

In einer Zeit, die oft von Tempo und Unsicherheit geprägt ist, lädt dieser Tag dazu ein, innezuhalten. Die Erzählung der Weisen stellt Fragen, die heute nicht weniger aktuell sind: Wem folgen wir? Was leitet uns? Was geben wir weiter – an Werten, an Hoffnung, an Beispiel?

Warum wir diesen Tag feiern

Die Heiligen Drei Könige stehen für mehr als ein historisches Ereignis. Sie sind Sinnbild für die andauernde Reise des Glaubens – für das Vertrauen, dass jeder Weg, der vom Licht geleitet wird, zum Guten führen kann. Ihr Fest ist ein stiller Ruf, aufmerksam zu bleiben für das, was wirklich zählt – und bereit, sich immer wieder aufzumachen.

Internationaler Frauentag – Stimmen der Gleichheit

- **Datum**: 8. März
- **Kalenderbezug**: Der Internationale Frauentag findet jährlich am 8. März statt. Dieses Datum wurde gewählt, um an die Streiks und Demonstrationen zu erinnern, die am 8. März 1917 (nach dem gregorianischen Kalender) in Petrograd, dem heutigen St. Petersburg, stattfanden, ein Schlüsselereignis in der Vorgeschichte der russischen Revolution.

Der 8. März steht weltweit für das Ringen um Gleichstellung, für Anerkennung und für die Würdigung der Leistungen von Frauen in allen Bereichen der Gesellschaft. Was als Protestbewegung begann, ist heute ein fester Bestandteil vieler nationaler und internationaler Kalender – und ein Tag, der auf bestehende Ungleichheiten aufmerksam macht.

Historischer Ursprung

Die Anfänge des Internationalen Frauentags reichen zurück in die ersten Jahrzehnte des 20. Jahrhunderts. Frauen forderten öffentlich das Wahlrecht, gerechte Arbeitsbedingungen und das Ende struktureller Benachteiligung. In Deutschland war es insbesondere Clara Zetkin, die sich für einen weltweiten Gedenktag einsetzte. 1910 schlug sie auf der Zweiten Internationalen Sozialistischen Frauenkonferenz die Einführung eines Internationalen Frauentages vor. Bereits 1911 wurde dieser erstmals begangen.

Entwicklung und Perspektiven

Was einst als Ausdruck politischen Widerstands galt, hat sich gewandelt – und dennoch seine Relevanz behalten. Der Internationale Frauentag ist heute nicht nur Erinnerung, sondern auch Mahnung und Ausblick. Er würdigt Erfolge und Fortschritte, ohne den Blick auf bestehende Herausforderungen zu verlieren: strukturelle

Benachteiligung, ungleiche Bezahlung, Diskriminierung im Alltag. Der Tag ist ein Aufruf zur Achtsamkeit – und zur Verantwortung.

Gegenwart und gesellschaftliche Praxis

In vielen Ländern wird der Internationale Frauentag mit Veranstaltungen, Bildungsangeboten und Diskussionsforen begangen. In Berlin ist der 8. März seit 2019 gesetzlicher Feiertag – Ausdruck des gesellschaftlichen Wunsches, diesem Tag eine sichtbare Bedeutung zu geben. Bildungseinrichtungen, Gemeinden und soziale Initiativen nutzen den Anlass, um für Gleichstellung zu sensibilisieren und historische wie aktuelle Aspekte feministischer Bewegungen zu thematisieren.

Warum wir diesen Tag feiern

Der Internationale Frauentag ist ein Zeichen für die Anerkennung der Würde und Rechte von Frauen. Er erinnert daran, dass Gleichstellung kein abgeschlossener Prozess ist, sondern ein Auftrag an Gesellschaft, Politik und jeden Einzelnen. Es ist ein Tag, der Gerechtigkeit nicht nur fordert, sondern auch sichtbar macht, wo sie schon gelebt wird.

Palmsonntag – Der Einzug in Jerusalem

- **Datum:** Variabel (der Sonntag vor Ostersonntag)
- **Kalenderbezug**: Palmsonntag fällt auf den Sonntag vor Ostersonntag und leitet die Karwoche ein. Das Datum ändert sich jedes Jahr entsprechend dem Datum des Ostersonntags, welches vom ersten Vollmond nach der Frühlings-Tagundnachtgleiche abhängt. Dadurch kann Palmsonntag zwischen dem 15. März und dem 18. April stattfinden.

Palmsonntag markiert den Beginn der Karwoche, der heiligsten Woche im christlichen Kirchenjahr, die an die letzten Tage im Leben Jesu Christi erinnert. Dieser Tag feiert den triumphalen Einzug Jesu in Jerusalem, ein Ereignis, das von den Gläubigen weltweit als symbolischer Beginn des Weges zum Kreuz und zur Auferstehung angesehen wird.

Die biblische Geschichte des Palmsonntags

Die Evangelien berichten, dass Jesus auf einem Esel in Jerusalem einzog, während die Menschenmenge Palmzweige auf den Weg streute und „Hosanna" rief, um ihn als König zu begrüßen. Dieser Akt der Verehrung steht im scharfen Kontrast zu den Ereignissen, die später in der Woche folgen, und bildet eine emotionale Ouvertüre zu den dramatischen Geschehnissen der Karwoche.

Traditionen und Bräuche

In vielen christlichen Gemeinden wird Palmsonntag mit Prozessionen gefeiert, bei denen Gläubige Palmzweige oder andere grüne Zweige tragen, die sie später in ihren Häusern aufbewahren, um Segen und Schutz zu symbolisieren. In Deutschland werden diese Palmzweige oft gesegnet und als Teil des Gottesdienstes verteilt. In einigen Gemeinden gibt es auch dramatische Nachstellungen von Jesu Einzug in Jerusalem, die die biblische Geschichte lebendig werden lassen.

Die Bedeutung von Palmsonntag heute

Palmsonntag erinnert die Gläubigen an Jesu Bereitschaft, seinen Weg des Leidens für das Wohl der Menschheit zu gehen. Es ist ein Tag, der sowohl Triumph als auch bevorstehende Tragödie verkörpert und die Gläubigen dazu anregt, über die Natur wahrer Führung und Opferbereitschaft nachzudenken. Dieser Tag setzt den emotionalen Ton für die folgenden Ereignisse der Karwoche und ermöglicht eine tiefe spirituelle Reflektion über die Themen Hingabe und Erlösung.

Warum wir diesen Tag feiern

Palmsonntag ist mehr als eine historische Erinnerung; es ist eine Gelegenheit, die Tiefe des menschlichen und göttlichen Geschehens in der letzten Woche von Jesu irdischem Leben zu erfassen. Durch die Feiern dieses Tages sind Gläubige eingeladen, den Weg Jesu bewusst mitzugehen – durch Leiden, Tod und das Versprechen der Auferstehung.

Gründonnerstag – Der Abend der letzten Gemeinschaft

- **Datum:** Variabel (der Donnerstag vor Ostersonntag)
- **Kalenderbezug**: Gründonnerstag fällt auf den Donnerstag vor Ostersonntag, dessen Datum sich nach dem ersten Vollmond im Frühling richtet. Dieses bewegliche Datum sorgt dafür, dass die Karwoche und Ostern jedes Jahr zu unterschiedlichen Zeiten im März oder April gefeiert werden.

Während sich die Frühlingssonne durch die letzten kalten Tage kämpft und die Natur in vollem Grün erstrahlt, markiert der Gründonnerstag einen tiefgreifenden Moment in der Karwoche, der stillen Zeit vor Ostern. Dieser Tag, tief verwurzelt in christlichen Traditionen, lädt zu einer Reise in das Herz der Ostergeschichte ein.

Ein Tag der Reinigung und des Neubeginns

Der Gründonnerstag, benannt nach dem grünen Gewand der Priester oder der „Grein", dem alten Wort für Weinen und Trauer, ist in vielerlei Hinsicht symbolisch. Es ist der Tag, an dem Jesus das letzte Abendmahl mit seinen Jüngern teilte, ein Akt der Gemeinschaft und des Abschieds, der bis heute in Kirchen weltweit zelebriert wird. In Deutschland wird der Gründonnerstag traditionell auch als Tag des „grünen Essens" betrachtet, an dem Gerichte mit grünen Kräutern verzehrt werden, die Reinigung und Frische symbolisieren sollen.

Rituale und Bräuche

Die kirchlichen Rituale an diesem Tag sind geprägt von Stille und Besinnlichkeit. In vielen Gemeinden findet die Fußwaschung statt, die an die Demut und den Dienst Jesu erinnert, der die Füße seiner

Jünger wusch. Diese tiefgründige Geste unterstreicht die Botschaft der Nächstenliebe und Demut, zentrale Säulen des christlichen Glaubens.

Die letzte Ruhe vor dem Leiden

Der Gründonnerstag ist nicht nur ein Tag der Erinnerung, sondern auch des tiefen menschlichen Dramas. Er markiert den Beginn von Jesu Leidensweg, seiner Gefangennahme in der Nacht und seinem anschließenden Weg zum Kreuz. Diese Ereignisse sind in den Ritualen des Tages tief verankert und laden die Gläubigen ein, über Leiden, Opfer und letztendlich Erlösung nachzudenken.

Die Bedeutung für die moderne Gesellschaft

In der heutigen Zeit bietet der Gründonnerstag eine wichtige Reflektionsmöglichkeit über die Werte, die wir in unserem täglichen Leben hochhalten. Die Themen des Tages – Dienst, Opfer und Gemeinschaft – sind universell und fordern jeden, unabhängig vom Glauben, dazu auf, über die eigene Rolle in der Gesellschaft und den Umgang mit unseren Mitmenschen nachzudenken.

Warum wir diesen Tag begehen

Wir begehen den Gründonnerstag, um uns an jene Momente der Stille zu erinnern, die oft der Vorbote großer Veränderungen sind. Es ist ein Tag, der uns lehrt, dass aus dem tiefsten Leid auch Hoffnung und Neuanfang erwachsen können. Der Gründonnerstag fordert uns auf, unsere eigenen Herausforderungen zu reflektieren und wie wir durch sie wachsen und uns weiterentwickeln können.

Karfreitag
– Das Echo des Opfers

- **Datum:** Variabel (der Freitag vor Ostersonntag)
- **Kalenderbezug**: Karfreitag findet am Freitag vor Ostersonntag statt und ist direkt mit dem beweglichen Datum von Ostern verbunden, das sich nach dem ersten Vollmond des Frühlings richtet. Daher kann Karfreitag zwischen dem 20. März und dem 23. April liegen. Dieses Datum reflektiert den christlichen Liturgiekalender, der sich nach dem lunaren Zyklus orientiert und damit jedes Jahr unterschiedliche Daten für die Karwoche und ihre Feiertage festlegt.

Wenn der Frühling seine Farben entfaltet und die Natur zu neuem Leben erwacht, hält die Christenheit inne – am Karfreitag. Dieser Tag, tief verwurzelt in der christlichen Überlieferung, erinnert an die Kreuzigung Jesu Christi – einen der zentralen Wendepunkte des Glaubens. Für Christen ist es nicht nur eine historische Begebenheit, sondern der Moment, in dem Schuld und Tod durch Liebe und Hingabe überwunden wurden.

Ein Tag der Stille und der Tiefe

Karfreitag fällt auf den Freitag vor Ostern und bildet den Höhepunkt der Karwoche. Weltweit wird er in zahlreichen christlichen Konfessionen begangen – mit unterschiedlichen Ritualen, aber einer gemeinsamen Botschaft: das Gedenken an das Opfer Jesu. In Deutschland ist der Tag gesetzlich als „stiller Feiertag" geschützt – öffentliche Feiern, Musik oder Tanz sind untersagt, um der Würde und Schwere dieses Tages Raum zu geben.

Die Liturgie des Leidens

Die Gottesdienste am Karfreitag sind von tiefer Symbolik geprägt. In vielen Gemeinden findet eine dreistündige Andacht statt, die den letzten

Stunden Jesu am Kreuz gewidmet ist. Lesungen, Gebete und Stille begleiten die Erinnerung an sein Leiden. Die Kreuzverehrung – das stille Niederknien oder Berühren des Kreuzes – drückt die Dankbarkeit für das vollbrachte Opfer aus und schafft eine persönliche Verbindung zum Geschehen von Golgatha.

Das Kreuz und seine Bedeutung

Nach christlichem Verständnis ist der Tod Jesu nicht das Ende, sondern ein Durchbruch: Durch sein Opfer am Kreuz habe er die Trennung zwischen Gott und Mensch überwunden. Der Kreuzestod wird als ein Akt der freiwilligen Hingabe verstanden – ein Liebesbeweis, der Versöhnung möglich macht. In dieser Perspektive ist das Kreuz nicht Symbol der Niederlage, sondern der Hoffnung – auf Erlösung, auf Neuanfang, auf Leben über den Tod hinaus.

Warum wir diesen Tag begehen

Karfreitag ist kein Tag bloßer Trauer, sondern ein Tag des Gedenkens – und der Dankbarkeit. Er erinnert daran, dass Hingabe und Liebe eine Kraft entfalten können, die selbst Leid verwandelt. In der Stille dieses Tages liegt die Einladung, tiefer zu sehen: auf das, was trägt – und was trägt, selbst wenn alles andere fällt.

Ostern
– Das Versprechen der Auferstehung

- **Datum:** Variabel (der erste Sonntag nach dem ersten Vollmond des Frühlings)
- **Kalenderbezug**: Ostern findet am ersten Sonntag nach dem ersten Vollmond statt, der auf die Frühlings-Tagundnachtgleiche folgt. Dieses Datum ist beweglich und kann zwischen dem 22. März und dem 25. April liegen. Die Festlegung des Datums für Ostern basiert auf einem komplexen lunisolarischen Kalender, der sowohl Sonnen- als auch Mondzyklen berücksichtigt. Diese Berechnungsmethode wurde im Jahr 325 n. Chr. auf dem ersten Konzil von Nicäa festgelegt, um eine einheitliche und

nachvollziehbare Datierung für das wichtigste christliche Fest zu gewährleisten.

Wenn der Frühling in voller Blüte steht und die Natur ihr Erwachen feiert, begeht die christliche Welt das Osterfest – das höchste und freudigste Fest des Kirchenjahres. Es ist das Fest der Auferstehung Jesu Christi von den Toten, ein Zeichen für Hoffnung, Erneuerung und Leben, das stärker ist als der Tod.

Ostersonntag:

Ein Morgen wie kein anderer

Am Ostersonntag feiern Christen weltweit das leere Grab und begrüßen sich mit der Botschaft: „Christus ist auferstanden!" – „Er ist wahrhaftig auferstanden!" Dieser Tag beendet die Passionszeit und eröffnet eine neue Zeit: die der Hoffnung, die aus dem Licht der Auferstehung geboren wird. In vielen Gemeinden beginnt dieser Tag mit der Osternacht – einer liturgischen Feier, die den Übergang von der Dunkelheit der Grabesruhe zum Licht des neuen Lebens sichtbar macht.

Bräuche und Zeichen

Ostern ist reich an Symbolen, die tief verwurzelt sind in der Botschaft des Lebens. Das Osterfeuer, das am Vorabend entfacht wird, steht für den Sieg des Lichts über die Dunkelheit. Das Ei – ursprünglich ein Fruchtbarkeitssymbol aus vorchristlicher Zeit – wurde später in die Osterbräuche integriert. Während das Bemalen und Verstecken von Eiern heute fester Bestandteil der familiären Feier ist, ist seine religiöse Bedeutung eher volkstümlich-symbolisch zu verstehen. Der Osterhase, der die Eier bringt, ist eine spätere Hinzufügung der deutschen Tradition und erfreut sich insbesondere bei Kindern großer Beliebtheit.

Die Bedeutung der Auferstehung

Ostern ist für Christen das Herzstück ihres Glaubens. In der Auferstehung Jesu sehen sie den Beweis dafür, dass Gott neues Leben schenken kann – über den Tod hinaus. Die Botschaft: Verwandlung ist möglich. Hoffnung ist berechtigt. Und das letzte Wort gehört nicht dem Grab, sondern der Gnade. Gerade in Zeiten der Unsicherheit wird diese Hoffnung spürbar – nicht als Flucht, sondern als Kraftquelle.

Ostermontag:
Die Freude geht weiter

Der Ostermontag lädt dazu ein, das Geschehen nicht hinter sich zu lassen, sondern weiterzutragen. Er bietet Raum, die Auferstehung in Gemeinschaft nachklingen zu lassen – in der Familie, im Gottesdienst, im eigenen Herzen. Es ist ein Tag des Durchatmens, an dem die Freude nicht vergeht, sondern weiterwächst.

Warum wir dieses Fest feiern

Ostern ist mehr als ein Frühlingsfest. Es ist die Erinnerung daran, dass Gott den Tod überwunden hat – und neues Leben möglich macht. Es erinnert an das Versprechen der Auferstehung, das nicht nur für einen fernen Himmel gilt, sondern schon jetzt Hoffnung schenkt: im Alltag, in Beziehungen, in allem, was zu heilen beginnt.

Ostern erfüllt das Versprechen, das Karfreitag in stiller Tiefe anklingen ließ: dass Leben möglich ist – auch dort, wo alles verloren scheint.

Tag der Arbeit
– Ruf nach Gerechtigkeit

- **Datum:** 1. Mai
- **Kalenderbezug**: Der 1. Mai wurde als Internationaler Tag der Arbeit ausgewählt, um an die Haymarket-Aufstände in Chicago im Jahr 1886 zu erinnern, bei denen Arbeiter für den Achtstundentag und bessere Arbeitsbedingungen demonstrierten. Dieses Datum wurde erstmals 1890 als Tag der Arbeit gefeiert und hat sich seitdem als wichtiger Feiertag etabliert, der weltweit als ein Tag des Protests und der Solidarität unter Arbeitern genutzt wird. In vielen Ländern, einschließlich Deutschland, ist der Tag ein gesetzlicher Feiertag, an dem traditionell Demonstrationen und Veranstaltungen

stattfinden, die sich mit Themen der sozialen Gerechtigkeit und Arbeitsrechte befassen.

Jedes Jahr am ersten Mai versammeln sich Menschen in ganz Deutschland und rund um den Globus, um den Tag der Arbeit zu feiern – ein Datum, das tief in der Geschichte der Arbeiterbewegung verwurzelt ist und das Streben nach fairen Arbeitsbedingungen und sozialer Gerechtigkeit symbolisiert.

Historische Wurzeln des Feiertags

Der Ursprung des Tags der Arbeit geht auf die Arbeiterbewegung in den Vereinigten Staaten Ende des 19. Jahrhunderts zurück, insbesondere auf die Ereignisse rund um den Haymarket-Aufstand in Chicago im Jahr 1886. Dieser Tag wurde zu einem Symbol für den Kampf der Arbeiterklasse gegen ungerechte Arbeitsbedingungen und für das Recht auf einen achtstündigen Arbeitstag, was damals ein zentrales Anliegen der Bewegung war. In Deutschland wurde der Tag der Arbeit erstmals 1919 offiziell anerkannt und ist seit 1933 ein gesetzlicher Feiertag.

Ein Tag voller Paraden und Proteste

In vielen Städten Deutschlands werden am Tag der Arbeit Paraden und Demonstrationen abgehalten, die sowohl die Errungenschaften der Arbeiterbewegung feiern als auch auf aktuelle soziale und wirtschaftliche Probleme aufmerksam machen. Diese Veranstaltungen sind eine Mischung aus Feierlichkeit und politischer Demonstration, bei der Gewerkschaften, politische Gruppen und Einzelpersonen ihre Solidarität und ihr Engagement für Arbeiterrechte zum Ausdruck bringen.

Die Bedeutung heute

Auch wenn viele der ursprünglichen Ziele der Arbeiterbewegung erreicht wurden, bleibt der Tag der Arbeit ein wichtiger Anlass, um auf die anhaltenden Herausforderungen in der Arbeitswelt hinzuweisen. Themen wie Lohngerechtigkeit, Arbeitsplatzsicherheit und die Rechte von Migrantenarbeitskräften stehen oft im Mittelpunkt der Diskussionen und Veranstaltungen. Der Tag dient als Erinnerung daran, dass der Kampf für faire Arbeitsbedingungen und soziale Gerechtigkeit weltweit weitergeht.

Gemeinschaft und Kultur

Neben seinem politischen und sozialen Charakter ist der Tag der Arbeit auch eine Gelegenheit für Gemeinschaftsaktivitäten. In vielen Gemeinden gibt es Feste, Musikveranstaltungen und andere kulturelle Aktivitäten, die dazu beitragen, den Gemeinschaftssinn zu stärken und die Vielfalt der Bevölkerung zu feiern. Diese Veranstaltungen bieten eine Plattform für Austausch und Verständigung und erinnern daran, dass soziale Gerechtigkeit eine Angelegenheit ist, die alle betrifft.

Warum wir diesen Tag feiern

Der Tag der Arbeit ist mehr als nur ein Feiertag; er ist ein lebendiger Ausdruck der fortlaufenden Bemühungen um eine gerechte Gesellschaft. Er erinnert uns daran, dass unsere Arbeitswelt fair und human sein sollte und dass jeder Mensch das Recht auf eine würdige und respektvolle Behandlung am Arbeitsplatz hat. Durch die jährlichen Feierlichkeiten wird das Bewusstsein für die Bedeutung von Solidarität und gemeinschaftlichem Handeln geschärft und die Vision einer gerechteren Welt gefördert.

Muttertag
– Feier der Liebe und Fürsorge

- **Datum:** Variabel (der zweite Sonntag im Mai)
- **Kalenderbezug**: Der Muttertag wird am zweiten Sonntag im Mai begangen. Dieses Datum wurde von Anna Jarvis, der Begründerin des modernen Muttertags in den Vereinigten Staaten, ausgewählt, um die Leistungen und Opfer aller Mütter zu ehren. Die Wahl des Datums soll sicherstellen, dass der Tag jedes Jahr auf ein Wochenende fällt, was Familien die Möglichkeit gibt, diesen besonderen Anlass gemeinsam zu feiern. Seit Anna Jarvis den ersten offiziellen Muttertag im Jahr 1908 organisierte, hat sich das Datum in vielen Ländern weltweit etabliert und ist

zu einem festen Bestandteil des Kalenders geworden, an dem die bedeutende Rolle der Mütter in der Gesellschaft gewürdigt wird.

Jedes Jahr im Mai widmet sich ein besonderer Tag der Anerkennung und Würdigung der Mütter überall auf der Welt: der Muttertag. In Deutschland, wie in vielen anderen Ländern, ist dieser Tag eine Gelegenheit, Dankbarkeit und Liebe gegenüber den Müttern auszudrücken, die so oft das Rückgrat unserer Familien und Gemeinschaften sind.

Geschichtliche Wurzeln des Muttertags

Obwohl der moderne Muttertag oft als kommerzielles Phänomen angesehen wird, reichen seine Wurzeln tief in die Geschichte. Die offizielle Anerkennung des Muttertags als nationaler Feiertag in den Vereinigten Staaten erfolgte im Jahr 1914 durch Präsident Woodrow Wilson, nachdem Anna Jarvis die Bewegung zur Ehrung der Mütter initiiert und die erste offizielle Muttertagsfeier bereits 1908 organisiert hatte. Diese Entwicklung beeinflusste viele andere Länder, einschließlich Deutschland, wo der Muttertag in den 1920er Jahren populär wurde und seitdem ein fester Bestandteil des kulturellen Kalenders ist.

Bräuche und Traditionen

Der Muttertag wird in Deutschland traditionell mit kleinen Geschenken, Blumen und Karten gefeiert, mit denen Kinder und Ehepartner ihre Wertschätzung ausdrücken. Es ist üblich, dass Familien sich zu einem besonderen Essen versammeln oder den Tag mit Aktivitäten verbringen, die der Mutter Freude bereiten. In vielen Familien übernehmen an diesem Tag die Väter oder Kinder die Küchenarbeit, um den Müttern eine Pause von ihren täglichen Pflichten zu gönnen.

Die Bedeutung heute

Der Muttertag ist mehr als nur eine Gelegenheit für kommerzielle Unternehmen, sich zu bereichern; er ist ein wichtiger Moment, um die unermesslichen Beiträge der Mütter zur Gesellschaft anzuerkennen. Es ist auch ein Tag, der die Vielfalt der Mutterrollen feiert, von der biologischen über die Pflege- bis hin zur sozialen Mutterschaft. In einer Zeit, in der Familienstrukturen und soziale Rollen sich weiterentwickeln, bietet der Muttertag die Chance, die Bedeutung der mütterlichen Fürsorge in all ihren Formen zu reflektieren.

Herausforderungen und Kritik

Trotz seiner Beliebtheit ist der Muttertag nicht frei von Kritik. Einige sehen ihn als zu kommerzialisiert an und beklagen, dass der wahre Sinn des Tages durch den Fokus auf materielle Geschenke untergraben wird. Andere argumentieren, dass die Idealisierung der Mutterrolle Druck auf Frauen ausübt, bestimmte traditionelle Erwartungen zu erfüllen. Diese Diskussionen laden dazu ein, über die Rolle der Mutter in der modernen Gesellschaft nachzudenken und Wege zu finden, wie ihre Beiträge ganzjährig anerkannt und unterstützt werden können.

Warum wir diesen Tag feiern

Letztlich feiern wir den Muttertag, um den unschätzbaren Wert der Liebe, des Mitgefühls und der Fürsorge, die Mütter tagtäglich zeigen, zu ehren. Es ist eine Gelegenheit, innezuhalten und jenen zu danken, die uns geformt, unterstützt und inspiriert haben. Der Muttertag erinnert uns daran, dass Liebe und Fürsorge oft die stärksten Kräfte sind, die wir in dieser Welt besitzen, und dass es wichtig ist, diese nicht nur einmal im Jahr, sondern jeden Tag zu schätzen.

Christi Himmelfahrt und Vatertag – Zwischen Aufblick und Verantwortung

- **Datum:** Variabel (der 40. Tag nach Ostersonntag)
- **Kalenderbezug:** Christi Himmelfahrt wird am 40. Tag nach Ostersonntag gefeiert. Das Datum variiert jedes Jahr, abhängig vom Datum des Ostersonntags, welches sich nach dem ersten Vollmond des Frühlings richtet. Daher kann Christi Himmelfahrt zwischen dem 30. April und dem 3. Juni stattfinden.

In Deutschland fällt der sogenannte Vatertag auf den kirchlichen Feiertag Christi Himmelfahrt. Während das eine tief im christlichen Glauben verwurzelt ist, entwickelte sich das andere erst viel später – als weltlicher Brauch zur Würdigung von Vätern. Die zeitliche Überschneidung mag zufällig erscheinen, doch sie wirft interessante Fragen auf: nach Herkunft, Bedeutung, Wandel – und möglicher Tiefe beider Anlässe.

Christi Himmelfahrt – Ein Blick nach oben

Christi Himmelfahrt erinnert an den letzten sichtbaren Moment Jesu auf Erden – an seine Rückkehr zum Vater, vierzig Tage nach der Auferstehung. Die Bibel berichtet, wie Jesus vor den Augen seiner Jünger in den Himmel aufgenommen wurde. Doch für Christen ist das kein Abschied, sondern ein Übergang: Christus bleibt gegenwärtig – auf andere Weise. Seine Himmelfahrt verweist nicht auf ein Ende, sondern auf eine Verheißung. Die Schrift sagt: Er wird wiederkommen – auf gleiche Weise, wie er in den Himmel gegangen ist.

Die Himmelfahrt ist ein Fest des Aufblicks. Sie schenkt Vertrauen, dass unsere Wege nicht ins Leere führen, sondern gehalten sind – von einer größeren Wirklichkeit, von einer Nähe, die nicht an Ort und Zeit gebunden ist. Und sie bereitet vor auf das, was kommt: Die Jünger bleiben nicht allein zurück. Es ist die Ankündigung dessen, was sich an Pfingsten erfüllt – dass der Tröster kommt, der Heilige Geist.

In vielen Gemeinden wird dieser Tag mit Gottesdiensten unter freiem Himmel gefeiert – als Zeichen eines offenen Himmels, der uns nicht trennt, sondern verbindet.

Vatertag – Eine säkulare Spiegelung

Im Laufe der Zeit entwickelte sich in Deutschland der Vatertag – zunächst als gesellschaftliches Ereignis, das lose mit dem Himmelfahrtstermin verbunden wurde. Ursprünglich aus bürgerlichen Männerrunden hervorgegangen, wird er heute oft mit Ausflügen und Geselligkeit begangen – nicht selten auch mit einem Augenzwinkern. Der ursprüngliche Sinn ist vielfach verblasst, vermischt sich aber zunehmend mit dem Wunsch, Vätern Anerkennung zu schenken.

Und dennoch: Die Idee, Vätern einen Tag der Würdigung zu widmen, verdient Aufmerksamkeit. In einer Gesellschaft, in der Vatersein sich verändert, neu sucht und zunehmend Verantwortung in Familie, Erziehung und emotionaler Bindung übernimmt, kann dieser Tag auch ein Zeichen sein – für Anteilnahme, Fürsorge und Vorbildsein.

Die Bedeutung heute

Die Gleichzeitigkeit beider Anlässe führt zu einer spannungsvollen Reibung – aber vielleicht auch zu einer Einladung: darüber nachzudenken, was es heißt, Verantwortung zu tragen. Für Väter – leiblich oder geistlich –, für Beziehungen, für neue Generationen. Und über die Frage, welche Richtung unser Leben nimmt: nach außen, nach innen, nach oben?

Warum wir diese Tage begehen

Christi Himmelfahrt erinnert daran, dass unser Glaube nicht an der Erde endet, sondern auf das Himmelreich hin ausgerichtet ist. Der Vatertag – in all seiner Vielschichtigkeit – lädt dazu ein, Vatersein als Beziehung, nicht als Rolle zu verstehen. Beide Tage zusammen fordern uns heraus, Balance zu suchen: zwischen Aufblick und Verantwortung, zwischen Glauben und Alltag, zwischen Vergehen und Aufbruch.

Pfingsten
– Der Anfang von Kirche

- **Datum:** Variabel (50 Tage nach Ostern)
- **Kalenderbezug:** Pfingsten fällt auf den 50. Tag nach Ostersonntag) und markiert das Ende der Osterzeit. Es wird immer an einem Sonntag gefeiert und leitet sich vom griechischen „Pentekoste" ab – dem fünfzigsten Tag. Das genaue Datum ändert sich jedes Jahr, abhängig vom Ostersonntag, was bedeutet, dass Pfingsten zwischen dem 10. Mai und dem 13. Juni gefeiert werden kann.

Fünfzig Tage nach Ostern feiern Christen das Pfingstfest. Es markiert den Abschluss der Osterzeit – und einen neuen Anfang: den

Moment, in dem die ersten Schritte zur christlichen Kirche getan wurden. Pfingsten gilt als die Geburtsstunde der Kirche. Das, was Christen heute in Gemeinden, Kirchen und Gottesdiensten leben, hat hier seinen Ursprung – in einem Ereignis, das sowohl religiös als auch historisch von Bedeutung ist.

Was damals geschah

Die Bibel berichtet im zweiten Kapitel der Apostelgeschichte: Zehn Tage nach Jesu Himmelfahrt sind seine Jünger und Anhänger in Jerusalem versammelt. Plötzlich erfüllt ein Brausen das Haus, „Zungen wie von Feuer" erscheinen und der Heilige Geist kommt auf sie herab. Die Menschen beginnen in fremden Sprachen zu sprechen, die sie zuvor nicht kannten – und andere, aus vielen Regionen, verstehen sie. Es entsteht Verbindung, wo zuvor Trennung war.

Petrus tritt vor die Menge. Er spricht über Jesus, seine Botschaft, seinen Tod und die Hoffnung auf neues Leben durch seine Auferstehung. Die Reaktion ist überwältigend: Tausende lassen sich taufen. Aus einer kleinen, verunsicherten Gruppe wird eine Gemeinschaft – mit einem gemeinsamen Glauben, mit ersten festen Formen, mit Verantwortung füreinander. Das ist der Moment, den Christen als die „Geburt der Kirche" bezeichnen.

Die Verheißung erfüllt sich

Jesus hatte seinen Jüngern zuvor zugesagt: „Ich werde euch nicht als Waisen zurücklassen; ich komme zu euch." (Johannes 14,18). Mit der Himmelfahrt kehrt Jesus zurück zum Vater – aber seine Anhänger bleiben nicht allein. Stattdessen kommt der Heilige Geist – nicht als Ersatz, sondern als neue Form der göttlichen Gegenwart: unsichtbar, aber spürbar. Tröstend, stärkend, verbindend.

Pfingsten ist deshalb nicht die Rückkehr Jesu, sondern das, was seine Abwesenheit tragfähig macht: die Kraft, aus der Glaube wachsen kann.

Die Dreieinigkeit – Gottes Gegenwart in drei Wirkweisen

Der Heilige Geist ist nicht bloß ein Überbringer oder Stellvertreter. In der christlichen Lehre ist er Teil der sogenannten Trinität – abgeleitet vom lateinischen trinitas, was „Dreieinigkeit" bedeutet: Gott Vater, Sohn und Heiliger Geist.

Diese drei sind nicht drei Götter, sondern ein Gott in drei Erscheinungsformen oder Wirkweisen. Sie handeln verschieden – doch sie sind eins im Wesen, untrennbar verbunden. Gott begegnet den Menschen als Schöpfer (Vater), als Erlöser (Jesus Christus) und als Beistand (Heiliger Geist).

So ist es nach Pfingsten nicht „nur" der Geist, der bei uns bleibt – sondern Christus selbst, in der Form seines Geistes: unsichtbar, aber spürbar. Gott bleibt gegenwärtig – nicht entfernt, sondern erfahrbar im Leben seiner Gemeinde.

Was Pfingsten bedeutet

Pfingsten ist ein christliches Hochfest – aber es hat eine Bedeutung, die weit darüber hinausgeht. Es steht für den Moment, in dem aus Überzeugung öffentliches Bekenntnis wird. Aus einer kleinen Glaubensgemeinschaft entsteht eine Bewegung, die bis heute Menschen miteinander verbindet – über Sprachen, Kulturen und Kontinente hinweg.

Pfingsten ist das Fest der Verständigung. Der Geist, der damals Menschen in Verbindung brachte, gilt heute als Sinnbild für das, was Gemeinschaft möglich macht: Offenheit, Empathie, Inspiration, Mut.

Warum wir dieses Fest feiern

Pfingsten erinnert daran, dass Glaube nicht im Stillen bleiben muss – und dass Gemeinschaft möglich ist, selbst wenn Menschen unterschiedlich sprechen, denken, leben. Es erinnert daran, dass das, was Menschen verbindet, stärker sein kann als das, was sie trennt.

Für Christen ist Pfingsten das Fest, das zeigt: Der Geist Gottes ist nicht vergangen, sondern gegenwärtig – als Kraft zur Erneuerung, zur Verbindung, zur Hoffnung. Er ist nicht nur ein Zeichen der Nähe Gottes, sondern Ausdruck seiner bleibenden Gegenwart in der Welt – bis zur Wiederkunft Christi.

Fronleichnam
– Prozessionspfad des Glaubens

- **Datum:** Variabel (der 60. Tag nach Ostersonntag)
- **Kalenderbezug**: Fronleichnam wird am zweiten Donnerstag nach Pfingsten gefeiert, was 60 Tage nach Ostersonntag entspricht. Das Datum variiert jedes Jahr, abhängig vom Datum des Ostersonntags, und fällt typischerweise zwischen Ende Mai und Mitte Juni.

Fronleichnam, auch bekannt als das Fest des Leibes und Blutes Christi, ist ein bedeutender Feiertag in der katholischen Kirche und wird in vielen Teilen Deutschlands mit großer Andacht und feierlichen Prozessionen begangen. Dieser Tag ehrt die Realpräsenz des Leibes Christi im Sakrament der Eucharistie.

Die Ursprünge von Fronleichnam

Die Ursprünge dieses Feiertags gehen zurück auf das 13. Jahrhundert, als eine Nonne, die heilige Juliana von Lüttich, Visionen hatte, die die Etablierung eines Festes zur Ehre des Heiligsten Sakraments forderten. Die erste offizielle Feier von Fronleichnam fand 1246 in Lüttich, Belgien, statt, und das Fest wurde später von Papst Urban IV. für die gesamte Kirche eingeführt.

Traditionen und Bräuche

In Deutschland ist Fronleichnam besonders in den katholisch geprägten Bundesländern wie Bayern, Baden-Württemberg, Nordrhein-Westfalen und Rheinland-Pfalz ein gesetzlicher Feiertag. Der Tag wird durch öffentliche Prozessionen gekennzeichnet, bei denen die Gläubigen das Allerheiligste, typischerweise in einer Monstranz durch die Straßen tragen. Diese Prozessionen sind oft begleitet von Musik, Gesängen und Gebeten, und die Routen werden mit Blumen und Fahnen geschmückt.

Die Bedeutung von Fronleichnam heute

Fronleichnam bietet eine Gelegenheit für Katholiken, ihre Ehrfurcht vor dem Heiligen Sakrament öffentlich zu demonstrieren. Es ist ein Tag, der die Gemeinschaft stärkt und die Gläubigen in ihrem Glauben bestärkt, indem er die zentrale Rolle der Eucharistie im katholischen Glauben betont. Der Feiertag dient auch als Erinnerung an das letzte Abendmahl Jesu und seine fortwährende Gegenwart unter den Gläubigen.

Warum wir diesen Tag feiern

Fronleichnam ist nicht nur eine Feier der Eucharistie, sondern auch eine Bestätigung des Glaubens und der Traditionen, die die katholische Kirche prägen. Durch die Prozessionen wird die Verbundenheit der Gemeinde sichtbar und erlebbar gemacht. Dieser Tag erinnert die Gläubigen daran, dass ihr Glaube nicht nur eine private Angelegenheit ist, sondern auch eine öffentliche Bekräftigung und Zeugnis ihres Glaubens und ihrer Werte darstellt.

Mariä Himmelfahrt – In den Himmel aufgenommen

- **Datum:** 15. August
- **Kalenderbezug**: Der 15. August wurde als Datum für das Fest Mariä Himmelfahrt gewählt, um die Aufnahme Mariens in den Himmel zu feiern. Dieses Datum ist fest und ändert sich nicht jährlich, was es zu einem festen Punkt im liturgischen Kalender der Kirche macht.

Mariä Himmelfahrt ein Hochfest in der katholischen Kirche, wird jedes Jahr am 15. August gefeiert und ehrt die Aufnahme der Jungfrau Maria mit Leib und Seele in den Himmel. Dieser Tag ist besonders in den überwiegend katholischen Regionen Deutschlands ein bedeutender religiöser Feiertag.

Die theologische Bedeutung von Mariä Himmelfahrt

Mariä Himmelfahrt symbolisiert die tiefe Verehrung, die Maria als Mutter Jesu und als reinste und vollkommenste aller Heiligen in der katholischen Tradition zuteilwird. Die Lehre von ihrer Aufnahme in den Himmel körperlich und geistig betont ihre besondere Rolle im Heilsplan Gottes und ihre Einzigartigkeit unter den Heiligen. Dieses Dogma, das erst 1950 von Papst Pius XII. offiziell verkündet wurde, spiegelt den Glauben wider, dass Maria aufgrund ihrer Reinheit und ihrer Rolle als Mutter Christi direkt in den Himmel aufgenommen wurde.

Feierlichkeiten und Bräuche

In Deutschland, besonders in den katholischen Regionen wie Bayern und dem Saarland, wo Mariä Himmelfahrt ein gesetzlicher Feiertag ist, werden zu diesem Anlass feierliche Gottesdienste und Prozessionen abgehalten. Kirchen und Altäre werden mit Kräutern und Blumen geschmückt, die gesegnet und dann unter den Gläubigen verteilt werden. Diese Kräuterweihe hat eine lange Tradition und soll an die Kräuter erinnern, die bei Marias Aufnahme in den Himmel vorhanden gewesen sein sollen.

Die Bedeutung heute

Mariä Himmelfahrt ist mehr als nur eine Feier Marias; es ist ein Tag, der die Würde und den Respekt vor dem Leben und der spirituellen Berufung jeder Person hervorhebt. Für viele Gläubige bietet dieser Tag eine Gelegenheit zur Reflektion über Marias Tugenden der Demut, des Gehorsams und der Hingabe – Qualitäten, die als nachahmenswert gelten. Dieser katholische Feiertag stärkt die spirituelle Bindung und ermutigt die Gemeinschaft, ihre Verbundenheit mit Maria und ihrem Beispiel zu erneuern.

Warum wir diesen Tag feiern

Die Feier von Mariä Himmelfahrt unterstreicht die Rolle der Frauen in der katholischen Kirche und in der Gesellschaft und bietet ein tiefgreifendes Beispiel für die Erhebung der weiblichen Würde. Durch die öffentlichen Zeremonien und persönlichen Andachten zu Ehren Marias wird das Bewusstsein für ihre zentrale Rolle im Christentum gefördert und die Bedeutung der Heiligkeit im täglichen Leben hervorgehoben.

Erntedankfest
– Dankbarkeit für die Fülle der Natur

- **Datum:** Erster Sonntag im Oktober
- **Kalenderbezug:** Der erste Sonntag im Oktober wurde als Datum für das Erntedankfest gewählt, um den Abschluss der landwirtschaftlichen Erntezeit zu feiern. Dieses Datum ermöglicht es, die Früchte der Felder zu würdigen, während sie noch frisch und verfügbar sind, und bringt die Gemeinschaft zusammen, um den Segen des vergangenen Jahres zu feiern.

Das Erntedankfest hat seine Wurzeln in alten landwirtschaftlichen Traditionen, bei denen das Ende der Ernte gefeiert wurde. In der christlichen Tradition hat sich das Fest zu einer Zeit entwickelt, in der Gläubige Gott für die Ernte und die Nahrung, die die Erde bietet, danken. Es ist ein Tag der Anerkennung für die Arbeit der Landwirte und der Natur, die gemeinsam das Lebensnotwendige bereitstellen.

Traditionen und Bräuche

Die Feierlichkeiten zum Erntedankfest umfassen oft Gottesdienste, bei denen Kirchen mit Erntegaben wie Getreide, Obst und Gemüse geschmückt werden. Diese Gaben werden häufig nach dem Gottesdienst an Bedürftige verteilt oder an soziale Einrichtungen gespendet, um die Gemeinschaftlichkeit und die Sorge für die Bedürftigen zu betonen. In vielen Dörfern und Städten gibt es zudem Feste und Umzüge, bei denen die landwirtschaftlichen Produkte und traditionelles Handwerk präsentiert werden.

Die Bedeutung heute

In einer zunehmend urbanisierten Welt bietet das Erntedankfest eine wichtige Verbindung zur landwirtschaftlichen Basis unserer Gesellschaft und erinnert daran, wie essenziell eine nachhaltige Landwirtschaft und der Respekt vor der natürlichen Umwelt sind. Es dient als Erinnerung daran, dass viele der täglichen Lebensmittel durch die harte Arbeit und die Sorgfalt von Bauern und Natur entstehen.

Warum wir diesen Tag feiern

Das Erntedankfest fördert die Wertschätzung für natürliche Ressourcen und die landwirtschaftliche Arbeit und stärkt das Bewusstsein für die Bedeutung von Dankbarkeit und Gemeinschaftssinn.

Tag der Deutschen Einheit – Ein Land vereint

- **Datum:** 3. Oktober
- **Kalenderbezug**: Der 3. Oktober wurde als Tag der Deutschen Einheit gewählt, weil an diesem Datum im Jahr 1990 der offizielle Beitritt der DDR zur Bundesrepublik Deutschland vollzogen wurde. Dieses Datum markiert das Ende der deutschen Teilung und den Beginn einer neuen Ära der Einheit.

Der Tag der Deutschen Einheit am 3. Oktober ist mehr als ein nationaler Feiertag – er ist ein Symbol der Wiedervereinigung Deutschlands nach Jahrzehnten der Teilung. Dieser Tag feiert das Zusammenkommen von Ost- und

Westdeutschland im Jahr 1990 und ist ein tiefgreifendes Zeichen der Freiheit und Einheit.

Historischer Hintergrund

Die Geschichte der deutschen Teilung begann nach dem Zweiten Weltkrieg, als Deutschland in vier Besatzungszonen aufgeteilt wurde. Im Jahr 1949 entstanden daraus zwei separate Staaten: die Bundesrepublik Deutschland (BRD) und die Deutsche Demokratische Republik (DDR). Die Berliner Mauer, erbaut 1961, wurde zum Symbol dieser Teilung. Die friedliche Revolution in der DDR und der Fall der Berliner Mauer im Jahr 1989 ebneten den Weg für die Wiedervereinigung, die schließlich am 3. Oktober 1990 offiziell vollzogen wurde.

Feierlichkeiten und Gedenkveranstaltungen

Der Tag der Deutschen Einheit wird landesweit mit verschiedenen Veranstaltungen und Festlichkeiten begangen, darunter staatliche Zeremonien, Bürgerfeste, Feuerwerke und Konzerte. Jedes Jahr wird die zentrale Feier in einem anderen Bundesland ausgerichtet, wodurch die kulturelle Vielfalt Deutschlands hervorgehoben wird. Diese Veranstaltungen dienen nicht nur der Feier, sondern auch der Reflektion über die Bedeutung der Demokratie und Freiheit.

Die Bedeutung heute

Mehr als drei Jahrzehnte nach der Wiedervereinigung bleibt der Tag der Deutschen Einheit ein wesentlicher Bestandteil des nationalen Bewusstseins. Er bietet eine Gelegenheit, über die Errungenschaften und Herausforderungen der Einheit nachzudenken sowie über die fortwährende Notwendigkeit, für Demokratie und Menschenrechte einzustehen. Der Tag dient als Erinnerung daran, dass die Freiheit und Einheit, die 1990 erreicht wurden, nicht als selbstverständlich angesehen werden dürfen.

Warum wir diesen Tag feiern

Der Tag der Deutschen Einheit ist nicht nur eine Erinnerung an die politischen und historischen Ereignisse, die zur Wiedervereinigung führten, sondern auch ein Fest der fortgesetzten Bemühungen um Harmonie und Zusammenarbeit in einem vereinten Deutschland. Er feiert die Stärke und den Geist des deutschen Volkes, das trotz vieler Jahrzehnte der Trennung eine gemeinsame Identität bewahrt und weiterentwickelt hat.

Reformationstag
– Gewissen und Gnade

- **Datum:** 31. Oktober
- **Kalenderbezug**: Der Reformationstag wird jährlich am 31. Oktober begangen. Das Datum geht auf die Überlieferung zurück, dass Martin Luther am 31. Oktober 1517 seine 95 Thesen an die Tür der Schlosskirche zu Wittenberg schlug – einen Tag vor Allerheiligen, an dem viele Gläubige die Kirche aufsuchten.

Im Jahr 1517 beginnt etwas, das niemand in seiner Tragweite ahnt: Ein Mönch stellt öffentlich Fragen. Fragen, die viele dachten, aber kaum jemand aussprach. Martin Luther richtet sich nicht gegen den Glauben – sondern gegen den Missbrauch kirchlicher Macht. Mit seinen 95 Thesen spricht er sich gegen den Ablasshandel aus und plädiert für eine Rückkehr zum Wesentlichen: zur Bibel, zur Gnade, zum Vertrauen.

Diese Tat – ob nun mit Hammer und Nagel oder als Brief verschickt – wurde zum Auslöser einer Bewegung, die später **Reformation** genannt wird. Ihr Ziel war es nicht, die Kirche zu spalten, sondern sie zu erneuern.

Was die Reformation bewirkte

Aus dem Protest wurde eine Bewegung. Die reformatorischen Gedanken veränderten Theologie, Gesellschaft und Bildung. Die Bibel wurde ins Deutsche übersetzt, Predigt und Gemeindegesang wurden wichtiger, und das Gewissen des Einzelnen rückte in den Mittelpunkt.

Die Reformation betonte: Nicht Leistung rettet, sondern Gnade. Nicht das System vermittelt Gott – sondern der Glaube. Und: Jeder Mensch darf und soll die Schrift selbst hören und verstehen.

Die Bedeutung heute

Der Reformationstag ist heute in mehreren Bundesländern ein gesetzlicher Feiertag. In evangelischen Kirchen wird er mit Gottesdiensten, Bibelabenden und thematischen Veranstaltungen begangen. Auch Schulen, Bildungsstätten und Gemeinden greifen die Inhalte auf – sei es historisch oder geistlich.

Dabei ist der Tag kein Blick zurück – sondern ein Blick nach vorn: Was heißt Glauben heute? Was muss sich bewahren – was darf sich ändern?

Warum wir diesen Tag feiern

Der Reformationstag erinnert uns daran, dass **Glaube lebendig bleibt**, wenn er gefragt werden darf.
Dass Kirche nicht Besitzstand ist – sondern Weggemeinschaft. Und dass das Evangelium keine Fassade braucht, sondern Wahrheit. Wir feiern diesen Tag, weil er Mut macht, weiterzudenken – in Verantwortung vor Gott, im Vertrauen auf Gnade, mit dem eigenen Gewissen als Stimme, die gehört werden darf.

Halloween
– Zwischen Gedenken und Brauch

- **Datum:** 31. Oktober
- **Kalenderbezug**: Der 31. Oktober wurde als Datum für Halloween gewählt, da es der Vorabend von Allerheiligen ist, einem christlichen Feiertag, der am 1. November gefeiert wird. Diese Platzierung im Kalender entspringt auch der keltischen Tradition von Samhain, einem Fest, das das Ende der Erntezeit und den Beginn des Winters markierte.

Halloween ist heute ein weit verbreiteter Brauch, der insbesondere in der westlichen Welt große Popularität erlangt hat. Während der Tag zunehmend durch Verkleidungen, Gruseldekorationen und kommerzielle Veranstaltungen geprägt ist, lohnt sich ein Blick auf seine geschichtlichen Verflechtungen – besonders im Hinblick auf seinen ursprünglichen Platz im christlichen Festkalender.

Historischer Hintergrund

Die Ursprünge von Halloween liegen im keltischen Fest Samhain, das als Zeit angesehen wurde, in der die Grenze zwischen der Welt der Lebenden und der Toten besonders durchlässig ist. Samhain war eine Zeit für Gedenkfeiern der Verstorbenen sowie rituelle Feiern, die darauf abzielten, die Toten zu ehren und böse Geister abzuwehren. Als das Christentum sich in Europa ausbreitete, wurden lokale Bräuche und Feste häufig in den christlichen Liturgiekalender integriert, um die Übergänge für konvertierte Völker zu erleichtern. So fiel Samhain zeitlich zusammen mit Allerheiligen und Allerseelen, was dazu führte, dass Elemente des keltischen Festes in die neuen christlichen Feiertage einflossen. Diese zeitliche und thematische Überlappung führte dazu, dass sich Traditionen vermischten.

Entwicklung zu einem modernen Brauch

Mit der Zeit entwickelten sich aus diesen Überlappungen die modernen Bräuche von Halloween, wie das Verkleiden und das Schnitzen von Kürbissen – letzteres eine Methode, um böse Geister abzuwehren. Diese Bräuche wurden von irischen und schottischen Einwanderern im 19. Jahrhundert in die Vereinigten Staaten gebracht, wo sie zu den heute bekannten Halloween-Traditionen weiterentwickelt wurden.

Aktuelle Formen der Begehung

Heute wird Halloween besonders in den USA, Kanada, Irland und dem Vereinigten Königreich groß gefeiert und findet auch in vielen anderen Teilen der Welt Beachtung. Die modernen Bräuche umfassen das Verkleiden in Kostümen, das Umherziehen von Tür zu Tür, um Süßigkeiten zu sammeln („trick-or-treat"), sowie das Schmücken von Häusern und öffentlichen Plätzen mit typischen Halloween-Motiven.

Warum dieser Tag begangen wird

Halloween wird heute weltweit gefeiert – meist als kultureller Brauch, oft ohne Bezug zu seinem ursprünglichen Hintergrund.
Die geschichtliche Entwicklung lässt sich nicht leugnen, doch der Umgang mit diesem Tag bleibt individuell.
Jeder kann für sich selbst entscheiden, was er darin sieht – und welche Bedeutung er ihm beimisst.

Allerheiligen
– Tag des Gedenkens

- **Datum:** 1. November
- **Kalenderbezug**: Der 1. November wurde im 9. Jahrhundert als festes Datum für das Allerheiligenfest in der Westkirche festgelegt. Die Wahl fiel auf diesen Termin, da er zeitlich nach der Erntezeit liegt und vor dem Beginn der Adventszeit angesiedelt ist.

ie Ursprünge von Allerheiligen gehen auf das 4. Jahrhundert zurück, als in der östlichen Kirche begonnen wurde, einen Tag zu feiern, der allen Heiligen gewidmet war. Im 9. Jahrhundert legte Papst Gregor IV. offiziell das Datum für die westliche Kirche fest. Dieser Tag bietet die Gelegenheit, das Leben und die Taten der Heiligen zu reflektieren und ihre Fürsprache zu suchen.

Feierlichkeiten und Bräuche

Die Feier von Allerheiligen in Deutschland ist geprägt von Gottesdiensten und Gebeten. Viele Menschen besuchen die Gräber ihrer verstorbenen Angehörigen, schmücken sie mit Blumen und zünden Kerzen an, ein Brauch, der die Erinnerung ehrt und das fortwährende Band zwischen den Lebenden und den Toten symbolisiert. In einigen Gemeinden finden auch Prozessionen statt, und spezielle Gottesdienste werden abgehalten, um die Heiligen zu ehren und für die Verstorbenen zu beten.

Die Bedeutung heute

Allerheiligen ist ein katholischer Feiertag, der dazu dient, alle Heiligen zu ehren, die von der Kirche offiziell anerkannt wurden. Der Tag unterstreicht die katholische Lehre, dass Heiligkeit durch das Leben in Christus und die Nachfolge seiner Lehren erreicht werden kann. Die Heiligen werden als Vorbilder für ein gottgefälliges Leben angesehen und dienen als Brücken zwischen den himmlischen und irdischen Sphären.

Traditionen und Bräuche

In vielen katholischen Gemeinden weltweit werden an Allerheiligen spezielle Messen gehalten, in denen die Heiligen verehrt werden. Kirchen und Altäre werden oft festlich geschmückt, und Gläubige bringen Blumen und Kerzen zu den Gräbern der Verstorbenen, um ihre Verbundenheit mit den Heiligen und ihren Liebsten zu zeigen. In einigen Ländern sind Prozessionen und öffentliche Feiern üblich, die den festlichen Charakter dieses Tages betonen.

Für Katholiken bietet Allerheiligen eine Gelegenheit zur inneren Einkehr und zur Erneuerung des eigenen Glaubensengagements, inspiriert durch das Beispiel der Heiligen. Es ist ein Tag, der die universelle Berufung zur Heiligkeit betont und die Gläubigen ermutigt, in ihren täglichen Entscheidungen und Handlungen nach Heiligkeit zu streben.

Warum wir diesen Tag feiern

Allerheiligen ist mehr als ein Gedenktag für Verstorbene. Es ist ein Tag, an dem das Leben jener gewürdigt wird, die ihren Glauben konsequent gelebt haben – oft still, manchmal unter großer

Herausforderung. Für viele Gläubige sind die Heiligen nicht fern, sondern nah: als Vorbilder, als Fürsprecher, als Zeichen dafür, dass Heiligkeit möglich ist – auch heute. Dieser Tag lädt dazu ein, über das eigene Leben nachzudenken, über Vorbilder, über Hoffnung – und über das, was bleibt.

St. Martin
– Laternenlicht und Teilen

- **Datum:** 11. November
- **Kalenderbezug**: Der 11. November wurde als Gedenktag für St. Martin gewählt, da es der Todestag des Heiligen im Jahr 397 ist. Der Martinstag markiert auch traditionell das Ende der Herbstsaat und den Beginn der vorweihnachtlichen Fastenzeit, die Martinisommer genannt wird.

Der Martinstag, gefeiert am 11. November, ehrt Martin von Tours, einen römischen Soldaten, der zum Mönch wurde und für seine Akte der Nächstenliebe berühmt ist. In Deutschland und vielen anderen Teilen Europas ist dieser Tag besonders bei Kindern beliebt, die mit Laternen durch die Straßen ziehen und die Geschichte von St. Martins Güte nachempfinden.

Die Legende von St. Martin

St. Martin ist vor allem für eine bezeichnende Tat bekannt: Als junger Soldat begegnete er an einem kalten Wintertag einem bettelnden Mann. Ohne zu zögern, zog Martin sein Schwert, teilte seinen warmen Mantel in zwei Hälften und gab eine Hälfte dem frierenden Bettler. Diese Geste der Barmherzigkeit ist zum Sinnbild für Selbstlosigkeit und Menschlichkeit geworden und wird am Martinstag gefeiert.

Traditionen und Bräuche

In Deutschland wird der Martinstag mit Laternenumzügen von Kindern begangen, die selbstgebastelte Laternen tragen und Lieder über St. Martin singen. Diese Umzüge enden oft mit einem Martinsspiel, das die berühmte Mantelteilung nachstellt, und werden häufig von einem Martinsfeuer begleitet. Viele Gemeinden organisieren auch sogenannte Martinsumzüge, bei denen ein als St. Martin verkleideter Reiter an der Spitze reitet.

Ein weiterer Brauch ist das Teilen von Martinshörnchen oder Martinsgänsen, speziellen Backwaren, die nur zu diesem Anlass hergestellt werden. Die Gans wurde zum Symbol des St. Martins, da eine Legende besagt, dass Martin, bescheiden wie er war, sich in einem Gänsestall versteckte, um der Wahl zum Bischof zu entgehen, aber durch das Geschnatter der Gänse verraten wurde.

Die Bedeutung heute

Der Martinstag dient nicht nur der Erinnerung an die Lebensgeschichte von St. Martin, sondern auch der Vermittlung wichtiger Werte wie Teilen und Gemeinschaft. Die Tradition des Laternenumzugs und des Teilens von Essen symbolisiert die Weitergabe von Licht und Wärme in der dunklen Jahreszeit und fördert ein Gefühl der Gemeinschaft und des Zusammenhalts.

Warum wir diesen Tag feiern

Der Martinstag ist eine wertvolle Gelegenheit, insbesondere für Kinder, die Bedeutung von Großzügigkeit und Mitgefühl zu erfahren. Die Aktivitäten rund um diesen Tag lehren sie, dass Teilen Freude bereiten kann und dass jeder,

unabhängig von Alter oder Hintergrund, etwas
zum Wohl der Gemeinschaft beitragen kann.

Volkstrauertag – Erinnern für den Frieden

- **Datum:** Zwei Sonntage vor dem ersten Advent
- **Kalenderbezug:** Der Volkstrauertag ist ein staatlicher Gedenktag in Deutschland. Er wird jährlich am zweitletzten Sonntag des Kirchenjahres begangen, also zwei Wochen vor dem ersten Advent. Der Tag wurde geschaffen, um der Opfer von Krieg, Gewalt und Gewaltherrschaft zu gedenken – und um aus dem Erinnern Verantwortung für die Gegenwart und Zukunft abzuleiten.

Der Volkstrauertag wurde nach dem Ersten Weltkrieg eingeführt. 1922 fand die erste offizielle Gedenkstunde im Reichstag statt. Nach 1945 wurde der Tag neu geprägt: Nicht nur deutsche Gefallene, sondern alle Opfer von Krieg und Gewaltherrschaft sollten im Mittelpunkt stehen. Heute ist der Volkstrauertag ein Tag des stillen Innehaltens – unabhängig von politischer Ausrichtung oder konfessioneller Bindung.

Er ist kein Feiertag im kirchlichen Sinne, aber er wird oft in Zusammenarbeit mit Kirchen, Kommunen und Vereinen gestaltet. Dabei steht nicht das Militärische im Vordergrund, sondern die menschliche Tragweite von Krieg, Leid und Verlust.

Formen des Gedenkens

In vielen Gemeinden und Städten finden am Volkstrauertag öffentliche Gedenkveranstaltungen statt. Vertreter von Kirchen, Politik und Gesellschaft kommen zusammen, um an Gräbern, Mahnmalen oder in Friedensgärten Kränze niederzulegen, zu beten, oder eine Schweigeminute zu halten.

Schulen und Jugendorganisationen sind oft bewusst einbezogen – denn Gedenken ist keine reine Rückschau, sondern ein Bildungsauftrag:

Was bedeutet Frieden? Wie entsteht Krieg? Was trägt Versöhnung?

Bedeutung heute

In einer Zeit, in der viele Menschen mit Krieg nur durch Nachrichten oder Erzählungen in Berührung kommen, bleibt der Volkstrauertag ein bewusst gesetzter Moment der Erinnerung. Gerade durch das persönliche Fehlen einer Verbindung zu den großen Kriegen des 20. Jahrhunderts wird die Notwendigkeit des Gedenkens nicht kleiner – sondern größer.

Der Tag macht deutlich, dass Frieden nicht selbstverständlich ist. Er lädt ein, nicht zu vergessen – nicht aus Schuld, sondern aus Verantwortung. Und er erinnert daran, dass Gedenken nicht Spaltung bewirken muss, sondern Versöhnung ermöglichen kann.

Warum wir diesen Tag begehen

Der Volkstrauertag ist ein Tag der Stille – aber keine Sprachlosigkeit. Er ist kein Feiertag – aber ein Tag mit Bedeutung.
Ein Tag, an dem Erinnern nicht im Gestern verharrt, sondern ins Heute und Morgen wirkt. Weil jede Generation neu lernen muss, was Frieden bedeutet. Und weil es Mut braucht, das Erinnern lebendig zu halten – damit aus der Vergangenheit Zukunft wachsen kann.

Buß- und Bettag
– Ein Tag der Reflektion

- **Datum:** Variabel (der Mittwoch vor dem Totensonntag)
- **Kalenderbezug**: Der Buß- und Bettag findet am Mittwoch vor dem Totensonntag, dem letzten Sonntag des Kirchenjahres, statt. Dieses Timing unterstreicht seine Rolle als Zeit der Besinnung vor dem Advent, der eine Zeit der Erwartung und Hoffnung ist.

Der Buß- und Bettag, einst ein gesetzlicher Feiertag in ganz Deutschland, bleibt in Sachsen ein arbeitsfreier Tag und wird in vielen anderen Bundesländern als Tag der inneren Einkehr und des Gebets begangen. Dieser evangelische Feiertag dient der Reflexion und Buße, wodurch die Gläubigen angeregt werden, über ihr persönliches und gemeinschaftliches Leben nachzudenken.

Historische und spirituelle Bedeutung

Der Buß- und Bettag hat seine Wurzeln in den besonderen Bußtagen, die seit dem Mittelalter in Krisenzeiten ausgerufen wurden. Die formelle Einführung als jährlicher Feiertag erfolgte im 19. Jahrhundert in Preußen und verbreitete sich bald in anderen Teilen Deutschlands. Der Tag wurde traditionell als Gelegenheit zur Reflektion über Fehltritte und zur Erneuerung des Glaubens genutzt, begleitet von Gottesdiensten, die auf Buße und spirituelle Erneuerung ausgerichtet waren.

Traditionen und Bräuche

Der Buß- und Bettag wird hauptsächlich durch Gottesdienste charakterisiert, in denen Gemeindemitglieder zusammenkommen, um zu beten, zu singen und zu meditieren. Die Predigten und Lesungen dieses Tages sind oft darauf ausgerichtet, die Gläubigen zur Selbstreflektion und zur Erneuerung ihres Glaubens anzuregen. In einigen Gemeinden gibt es auch spezielle Veranstaltungen wie Workshops oder Diskussionsrunden, die sich mit Themen der Ethik und der sozialen Gerechtigkeit beschäftigen.

Die Bedeutung heute

In einer immer schneller werdenden und oft oberflächlichen Welt bietet der Buß- und Bettag eine wichtige Gelegenheit, innezuhalten und über tiefere Lebensfragen nachzudenken. Er ermutigt die Menschen, Verantwortung für ihr Handeln zu übernehmen und die Auswirkungen ihrer Entscheidungen auf andere und die Umwelt zu bedenken. Dieser Tag dient als Erinnerung daran, dass geistige und ethische Erneuerung wesentliche Aspekte eines erfüllten Lebens sind.

Warum wir diesen Tag begehen

Der Buß- und Bettag hilft dabei, die Bedeutung von Buße und Vergebung in der modernen Gesellschaft zu betonen. Er bietet eine Plattform für persönliches Wachstum und gemeinschaftliche Verbesserung und erinnert daran, dass Veränderung oft mit der Bereitschaft beginnt, eigene Fehler zu erkennen und zu korrigieren. Diese Praktiken fördern nicht nur individuelle Integrität, sondern auch sozialen Zusammenhalt und Frieden.

Ewigkeitssonntag/ Totensonntag – Gedenken in Hoffnung

- **Datum:** Letzter Sonntag vor dem 1. Advent
- **Kalenderbezug**: Der Ewigkeitssonntag wird stets am letzten Sonntag des Kirchenjahres begangen – also am Sonntag vor dem ersten Advent. Dieses Datum wurde im 19. Jahrhundert bewusst gewählt, um eine Zeit des Gedenkens an die Verstorbenen vor die hoffnungsvolle Erwartung des Advents zu setzen.

Im Jahr 1816 führte der preußische König Friedrich Wilhelm III. den Totensonntag als staatlichen Gedenktag ein – ursprünglich zum Andenken an die in den napoleonischen Kriegen Gefallenen. Die evangelische Kirche übernahm diesen Gedenktag und füllte ihn mit geistlicher Bedeutung.

Im Lauf des 20. Jahrhunderts setzte sich zunehmend die Bezeichnung Ewigkeitssonntag durch – vor allem in der evangelischen Kirche. Der neue Name betont nicht nur die Erinnerung, sondern auch die Hoffnung: Nicht der Tod steht im Zentrum, sondern das Versprechen des ewigen Lebens. Beide Begriffe meinen denselben Tag – Totensonntag als ursprüngliche staatliche Bezeichnung, Ewigkeitssonntag als theologische Deutung.

Bräuche und Formen des Gedenkens

In vielen Gemeinden werden an diesem Tag die Namen der im vergangenen Jahr Verstorbenen verlesen. Angehörige zünden Kerzen an oder legen Blumen nieder. Friedhöfe sind still geschmückt, Gottesdienste bewusst schlicht gehalten. In manchen Kirchen werden Musikstücke gespielt, die Trost spenden oder Raum für persönliche Trauer öffnen.

Es ist ein Tag, an dem sich viele Menschen – auch außerhalb des kirchlichen Rahmens – Zeit nehmen, zu erinnern, zu beten oder einfach still zu sein. Der Tod hat Raum, aber nicht das letzte Wort.

Die Bedeutung heute

Der Ewigkeitssonntag lenkt den Blick auf das, was bleibt, wenn das Sichtbare vergeht. Er ist ein Gegenentwurf zum Vergessen – nicht aus Nostalgie, sondern aus Treue.

Und er lädt ein, sich zu erinnern: an das, was Menschen uns gegeben haben. An das, was nicht mehr ist. Und an das, worauf Christen hoffen – die Auferstehung und das Leben bei Gott.

Er ist kein Tag des Schreckens, sondern des Vertrauens: Dass das Leben über das Sichtbare hinausreicht. Und dass Gottes Verheißung größer ist als unser Verlust.

Warum wir diesen Tag feiern

Der Ewigkeitssonntag ist ein stiller Tag – aber kein dunkler.
Er erinnert uns daran, dass Erinnerung ein Zeichen von Liebe ist. Und dass Hoffnung beginnt, wo Menschen das Licht nicht auslöschen lassen, selbst wenn es schwach geworden ist. Wir feiern diesen Tag, weil wir glauben, dass das Leben mehr ist als das, was wir sehen. Und dass niemand vergessen ist – weder vor uns, noch nach uns.

Erster Advent
– Die Ankunft erwarten

- **Datum:** Variabel (der vierte Sonntag vor dem 24. Dezember)
- **Kalenderbezug**: Der Erste Advent fällt auf den vierten Sonntag vor dem 24. Dezember, dem traditionellen Datum der Geburt Jesu, der Heiligen Nacht. Das genaue Datum ändert sich jedes Jahr, abhängig davon, welcher Wochentag der 24. Dezember ist. Der Advent beginnt somit zwischen dem 27. November und dem 3. Dezember und dient der spirituellen Vorbereitung auf das Weihnachtsfest.

Der Erste Advent markiert den Beginn der Adventszeit, eine vierwöchige Periode des Wartens und der Vorbereitung auf eines der bedeutendsten Ereignisse im christlichen Kalender: die Geburt Jesu Christi am Heiligen Abend, dem 24. Dezember. Diese Zeit ist in der christlichen Tradition tief verwurzelt und erfüllt von spiritueller Erwartung und Vorbereitung.

Die Bedeutung des Advents

Advent, abgeleitet vom lateinischen Wort "adventus", bedeutet "Ankunft". Diese Zeit symbolisiert das Warten auf drei Ankünfte: die historische Geburt Jesu in Bethlehem, seine Ankunft in den Herzen der Gläubigen und seine erwartete Wiederkunft am Ende der Zeiten. Der Advent ist somit eine Zeit der spirituellen Reflektion und Erneuerung, die dazu einlädt, das eigene Leben im Licht des Glaubens zu betrachten und sich auf die zentrale Botschaft der Weihnachtszeit vorzubereiten.

Traditionen und Bräuche

In Deutschland und vielen anderen Teilen der Welt wird der Advent mit verschiedenen Bräuchen zelebriert, die diese Erwartungszeit unterstreichen. Dazu gehört der Adventskranz mit seinen vier Kerzen, die an den vier Adventssonntagen entzündet werden, um das herannahende Licht Christi zu symbolisieren. Jede

Kerze hat ihre eigene Bedeutung und bringt die Familie jede Woche näher an Weihnachten heran. Adventskalender, die mit 24 Türen bis zum Heiligen Abend führen, erfreuen sich ebenfalls großer Beliebtheit und verkürzen Kindern und Erwachsenen gleichermaßen die Wartezeit mit kleinen Überraschungen.

Warum wir diese Zeit feiern

Die Adventszeit ist nicht nur eine Vorbereitung auf die Feier der Geburt Jesu, sondern auch eine Gelegenheit, die Bedeutung von Geduld und Hoffnung zu reflektieren. Sie erinnert uns daran, dass wichtige Ereignisse eine bewusste Vorbereitung erfordern und dass die wahre Freude in der Antizipation liegt. In einer Zeit, die oft von Hektik und kommerziellem Druck geprägt ist, bietet der Advent eine willkommene Pause, um sich auf die wesentlichen Werte des Lebens zu besinnen.

Nikolaus
– Der Geber von Gaben

- **Datum:** 6. Dezember
- **Kalenderbezug**: Der 6. Dezember wurde als Gedenktag für den Heiligen Nikolaus gewählt, der an diesem Tag im Jahr 343 verstarb. Die Traditionen um den Nikolaustag sind eng mit der Legende dieses Heiligen verwoben, der als Schutzpatron der Kinder und Seefahrer gilt.

Der Nikolaustag am 6. Dezember ist ein festlicher Anlass, der besonders bei Kindern beliebt ist. Dieser Tag ehrt den Heiligen Nikolaus von Myra, einen Bischof, der im 4. Jahrhundert in der heutigen Türkei lebte und für seine Großzügigkeit und seinen Einsatz für die Armen und Bedürftigen bekannt ist. In Deutschland und vielen anderen Ländern wird dieser Tag mit Freude und besonderen Bräuchen begangen.

Die Legende des Heiligen Nikolaus

Nikolaus von Myra ist bekannt für mehrere Wunder und Taten der Barmherzigkeit, die mit seinem Namen verbunden sind. Die bekannteste Legende erzählt, wie er heimlich Goldmünzen in die Schuhe von drei verarmten Schwestern legte, um ihnen eine Mitgift zu geben, damit sie heiraten konnten. Diese Geschichte bildet die Grundlage für den modernen Brauch, am Vorabend des Nikolaustags Schuhe oder Stiefel vor die Tür zu stellen, in der Hoffnung, dass sie über Nacht mit kleinen Geschenken und Süßigkeiten gefüllt werden.

Traditionen und Bräuche

In Deutschland bringt der Nikolaustag viel Freude, besonders für Kinder. Am Abend des 5. Dezember stellen sie ihre sauberen Stiefel oder Schuhe vor die Tür und erwachen am nächsten

Morgen, um sie gefüllt mit Süßigkeiten, Nüssen, Orangen und manchmal kleinen Geschenken zu finden. In vielen Familien besucht der Nikolaus, oft gekleidet in bischöfliche Gewänder, die Kinder zu Hause oder in der Schule und Kirchengemeinden, um Geschenke zu verteilen und Geschichten zu erzählen.

Die Bedeutung heute

Der Nikolaustag ist mehr als nur ein Tag des Schenkens; er ist eine Erinnerung an die Bedeutung von Großzügigkeit und Selbstlosigkeit. Die Figur des Nikolaus inspiriert Menschen aller Altersgruppen, die Tugenden der Güte und der Fürsorge im Alltag zu leben. In einer Zeit, die oft von Materialismus und Selbstbezogenheit geprägt ist, bietet der Nikolaustag eine willkommene Gelegenheit, sich auf die Freude am Geben und die Wichtigkeit der Gemeinschaft zu besinnen.

Warum wir diesen Tag feiern

Der Nikolaustag erinnert uns daran, dass wahre Freude oft aus der Freude am Geben entsteht. Er lehrt Kinder und Erwachsene gleichermaßen, die Werte der Großzügigkeit und der Nächstenliebe zu schätzen und zu praktizieren. Diese Feierlichkeiten stärken das Gemeinschaftsgefühl und fördern eine Kultur der Aufmerksamkeit und Fürsorge für andere.

Weihnachten
– Das Licht der Welt

- **Datum:** 24. Dezember (Heiligabend) und 25. Dezember (Erster Weihnachtsfeiertag)
- **Kalenderbezug:** Der 24. Dezember, Heiligabend, ist traditionell der Tag, an dem die Ankunft Jesus Christus mit familiären Zusammenkünften und der Bescherung gefeiert wird. Der 25. Dezember, als erster Weihnachtsfeiertag, dient der kirchlichen Feier von Jesu Geburt und ist ein öffentlicher Feiertag, der weltweit die Fortsetzung der Feierlichkeiten mit einem stärkeren Fokus auf den religiösen Aspekt der Weihnacht ermöglicht.

Weihnachten, das am 24. Dezember beginnt und sich über den 25. Dezember erstreckt, ist eines der zentralsten und feierlichsten Feste im christlichen Kalender. Es markiert nicht nur die Geburt Jesu Christi in Bethlehem, sondern auch die Manifestation göttlicher Liebe und das Geschenk der Erlösung an die Menschheit.

Die Heilige Nacht und ihre tiefere Bedeutung

Die biblische Erzählung von Jesu Geburt, oft im Lukasevangelium gelesen, schildert seine Ankunft unter bescheidenen Umständen in einem Stall. Diese Demut steht sinnbildlich für Gottes Liebe und seine Nähe zum Menschen. In der christlichen Lehre wird Jesus als der trinitarische Sohn Gottes verstanden, gesandt, um durch sein Leben, seinen Tod und seine Auferstehung die Welt zu erlösen. Weihnachten ist somit ein Fest der Hoffnung und der Verheißung, dass durch Christus Erlösung und ewiges Leben möglich sind.

Traditionen und Bräuche des Weihnachtsfests

Die Feierlichkeiten beginnen am Heiligen Abend mit der traditionellen Bescherung, die oft nach dem Abendessen stattfindet. Viele Familien besuchen auch die Christmette, die eine tiefe Besinnung auf die spirituelle Bedeutung der Nacht ermöglicht. Der erste Weihnachtsfeiertag wird häufig mit einem festlichen Gottesdienst begangen, der die Freude über die Geburt Jesu zum Ausdruck bringt. In vielen Kulturen sind dieser Tag und der folgende zweite Weihnachtsfeiertag von weiteren Familienzusammenkünften und geistlichen Besinnungen geprägt.

Die Bedeutung des 25. Dezember

Der 25. Dezember wurde im 4. Jahrhundert als Datum zur Feier von Jesu Geburt festgelegt, teilweise um christliche Bedeutungen mit bestehenden heidnischen Feiern wie dem römischen Sol Invictus-Fest zu verbinden. Diese strategische Wahl half, die christliche Botschaft in der damaligen Gesellschaft weiter zu verbreiten und die Feier von Jesu Geburt als zentrales Ereignis im Kirchenjahr zu etablieren.

Warum wir Weihnachten feiern

Weihnachten ist eine Zeit, in der die grundlegenden Prinzipien des Christentums – Liebe, Mitgefühl, Hoffnung und Erneuerung – in den Vordergrund treten. Es ist die Erinnerung daran, dass Gottes Liebe sichtbar geworden ist – in einem Kind, in einem Stall, in einem Menschen, der Licht in die Welt bringt. Glaubende werden daran erinnert, dass Gottes Liebe so weit reicht, dass er seinen eigenen Sohn zur Welt sandte, um als wahrer Mensch unter Menschen zu leben. Diese Botschaft fördert eine Kultur der Großzügigkeit und des Miteinanders und inspiriert Gläubige weltweit, das Licht Christi in ihre Gemeinschaften zu tragen.

Warum gibt es den 26. Dezember als zweiten Weihnachtsfeiertag?

Der 26. Dezember, auch bekannt als zweiter Weihnachtsfeiertag, hat in verschiedenen Ländern unterschiedliche Bedeutungen und Namen, was die kulturelle Vielfalt seiner Begehung widerspiegelt. In Deutschland, wie in vielen anderen europäischen Ländern, ist dieser Tag ein offizieller Feiertag, der die Weihnachtsfeierlichkeiten verlängert und den Menschen zusätzliche Zeit für Familie, Besinnung und Ruhe gibt.

Historische und kulturelle Hintergründe

Der zweite Weihnachtsfeiertag hat seine Wurzeln in der christlichen Tradition, die nicht nur die Geburt Jesu, sondern auch seine Bedeutung für die Menschheit ehren möchte. Ursprünglich war dieser Tag verschiedenen Heiligen gewidmet. In vielen Ländern wird der 26. Dezember auch als Stephanustag gefeiert, zu Ehren des Heiligen Stephanus, des ersten christlichen Märtyrers, dessen Gedenktag auf diesen Tag fällt. Dies verdeutlicht die enge Verbindung des Tages mit der frühen Christenheit und ihrer Geschichte des Glaubens und der Opferbereitschaft.

Bedeutung der Feierlichkeiten

Die Fortsetzung der Weihnachtsfeierlichkeiten am 26. Dezember bietet eine zusätzliche Gelegenheit, die tiefen spirituellen und familiären Aspekte von Weihnachten zu genießen. In einer Zeit, in der viele Menschen durch berufliche und alltägliche Verpflichtungen stark belastet sind, bietet der zweite Weihnachtsfeiertag einen wertvollen zusätzlichen Tag der Entspannung und des Zusammenseins. Dieser Tag hilft dabei, die oft hektischen Feierlichkeiten des Heiligen Abends zu entzerren und Zeit für weitere Besuche oder kirchliche Veranstaltungen zu ermöglichen.

Kulturelle Vielfalt

In anderen Ländern, wie zum Beispiel in Großbritannien, ist der 26. Dezember als Boxing Day bekannt, einem Tag, der traditionell für Wohltätigkeit und das Geben von Geschenken an Bedürftige steht. Diese Praxis betont eine andere Facette der Weihnachtszeit: die Ausweitung der Feierlichkeiten und der Großzügigkeit über den engen Familienkreis hinaus auf die größere Gemeinschaft.

Fazit

Der zweite Weihnachtsfeiertag ist somit mehr als nur ein zusätzlicher freier Tag. Er ist eine Erweiterung der Weihnachtsfeiern, die es ermöglicht, die vielfältigen Aspekte des Festes voll auszukosten und zu reflektieren. Dieser Tag fördert eine vertiefte Wahrnehmung von Gemeinschaft und Nächstenliebe, die im Zentrum der Weihnachtsbotschaft stehen. Durch diese zusätzliche Zeit können Menschen die spirituellen und gemeinschaftlichen Werte, die Weihnachten symbolisiert, tiefer erfahren und leben.

Silvester
– Abschied und Neubeginn

- **Datum:** 31. Dezember
- **Kalenderbezug**: Der 31. Dezember wurde traditionell als Silvestertag festgelegt, benannt nach Papst Silvester I., der an diesem Tag im Jahr 335 verstarb. Silvester ist sowohl ein Zeitpunkt des Feierns als auch des Innehaltens, um das vergangene Jahr zu reflektieren und sich auf das neue Jahr vorzubereiten.

Silvester, der am 31. Dezember gefeiert wird, markiert den Abschluss des Jahres und den Übergang in ein Neues. Dieser Tag ist weltweit ein Anlass für Feiern, Reflektionen und Vorsätze für das kommende Jahr. In Deutschland wird Silvester mit einer Mischung aus ausgelassenen Festen und besinnlichen Momenten begangen.

Traditionen und Bräuche

In Deutschland ist Silvester bekannt für seine lebhaften Feierlichkeiten, die oft mit Feuerwerk um Mitternacht ihren Höhepunkt erreichen. Dieses Feuerwerk symbolisiert das Vertreiben böser Geister und das Willkommen heißen des neuen Jahres mit Licht und Lärm. Traditionell versammeln sich Freunde und Familie, um gemeinsam zu essen, zu trinken und zu feiern. Typische Bräuche umfassen das Bleigießen, eine Form der Orakeldeutung, bei der geschmolzenes Blei in kaltes Wasser getropft wird, um aus der entstehenden Form Vorhersagen für das kommende Jahr abzuleiten.

Die Bedeutung heute

Silvester bietet eine Gelegenheit, das vergangene Jahr mit all seinen Höhen und Tiefen Revue passieren zu lassen und sich auf neue Anfänge zu konzentrieren. Es ist ein Tag, der global das Konzept von Zeit und Erneuerung symbolisiert und Menschen dazu anregt, über persönliche und kollektive Ziele nachzudenken. In einer immer komplexeren Welt kann Silvester auch ein Moment der globalen Solidarität sein, da Menschen überall zur selben Zeit das neue Jahr begrüßen.

Warum wir diesen Tag feiern

Silvester ist ein weltliches Fest – und zugleich ein Spiegel für eine tiefer liegende Wahrheit: dass Zeit ein Geschenk ist, kein Besitz. Dass Wandel möglich ist. Dass wir immer wieder neu anfangen dürfen.

Für Glaubende ist dieser Tag auch eine Gelegenheit, Gott für das Vergangene zu danken – und das neue Jahr unter seinen Segen zu stellen. Silvester verbindet Menschen über Kulturen hinweg – in der Ahnung, dass das Leben nicht planbar ist, aber hoffnungsvoll gelebt werden darf.

Schlusswort

Viele unserer Feiertage wirken auf den ersten Blick wie Inseln der Ruhe im Kalender – Unterbrechungen vom Alltag, Gelegenheiten zum Feiern oder zur Erholung. Doch wer genauer hinschaut, erkennt: Die meisten von ihnen tragen Spuren einer tieferen Bedeutung.

Ein erheblicher Teil dieser Tage ist christlich geprägt – durch biblische Ereignisse, kirchliche Feste oder geistliche Überzeugungen, die über Jahrhunderte hinweg unsere Kultur geformt haben. Auch jene Feiertage, die heute weltlicher erscheinen, wurzeln häufig in einem Kontext, der über das Sichtbare hinausweist.

Diese Tage verbinden Geschichte mit Gegenwart. Sie erzählen von Hoffnung und Wandel, von Gemeinschaft und Glauben, von Verantwortung und Freiheit. Sie geben Raum, innezuhalten und das Leben nicht nur im Moment, sondern auch im Ganzen zu betrachten.

Ob als Ausdruck gelebter Religion, kultureller Identität oder familiärer Tradition – Feiertage sind mehr als ein Anlass zum Innehalten. Sie laden ein, sich zu erinnern, sich zu verbinden und das weiterzugeben, was trägt.

So möge das, was hinter diesen Tagen liegt, nicht verloren gehen – sondern weiterleben: im Erzählen, im Feiern, im Glauben, im Verstehen.

Anhang

Der folgende Anhang bietet eine vertiefte Erklärung zu zentralen Begriffen, die in diesem Buch verwendet werden, sowie eine Liste von Quellen für weiterführende Lektüre. Das **Glossar der theologischen und historischen Begriffe** hilft dabei, das Verständnis der religiösen und kulturellen Hintergründe der verschiedenen Feiertage zu vertiefen. Viele dieser Begriffe stammen aus der christlichen Tradition und sind eng mit den Feiertagen und Festen verknüpft, die in diesem Buch behandelt werden.

Die **Liste von Quellen und weiterführender Literatur** bietet Ihnen die Möglichkeit, die in diesem Buch angesprochenen Themen weiter zu erforschen. Sie umfasst sowohl religiöse Schriften als auch geschichtliche und kulturelle Werke, die als Grundlage für das Verständnis der Entstehung und Bedeutung der Feiertage in Deutschland dienen. Für diejenigen, die tiefer in die spirituellen und historischen Aspekte eintauchen möchten, bieten diese Werke wertvolle Informationen und weiterführende Einsichten.

Glossar

- **Advent**: Aus dem Lateinischen "adventus" (Ankunft). Die vierwöchige Vorbereitungszeit vor Weihnachten, in der Christen die Ankunft Jesu Christi erwarten.
- **Allerheiligen**: Ein katholischer Feiertag, der am 1. November gefeiert wird und den Heiligen der Kirche gewidmet ist.

- **Allerseelen:** Der Gedenktag am 2. November zur Erinnerung an alle Verstorbenen.

- **Auferstehung**: Der christliche Glaube an die Wiederauferstehung Jesu Christi von den Toten am dritten Tag nach seiner Kreuzigung, gefeiert an Ostern.
- **Buß- und Bettag**: Ein evangelischer Feiertag in Deutschland, der zur Besinnung und Buße aufruft, hauptsächlich in Sachsen gesetzlich festgelegt.
- **Christi Himmelfahrt**: Ein christlicher Feiertag, der die Auffahrt Jesu in den Himmel 40 Tage nach Ostern feiert.

- **Erntedankfest:** Ein Fest zur Danksagung für die Ernte, traditionell im Herbst gefeiert.

- **Fronleichnam**: Ein katholischer Feiertag, der die Gegenwart Jesu Christi in der Eucharistie ehrt, begleitet von Prozessionen.

- **Gründonnerstag:** Der Donnerstag vor Ostern, der an das letzte Abendmahl Jesu erinnert.

- **Heilige Drei Könige**: Ein christlicher Feiertag, der am 6. Januar gefeiert wird und die Ankunft der Weisen aus dem Morgenland bei der Geburt Jesu Christi gedenkt.

- **Karfreitag**: Der Freitag vor Ostern, der den Tod Jesu Christi am Kreuz und sein Opfer für die Sünden der Menschheit gedenkt.

- **Mariä Himmelfahrt**: Ein katholischer Feiertag am 15. August, der die Aufnahme der Jungfrau Maria in den Himmel feiert.

- **Neujahr:** Der erste Tag im gregorianischen Kalenderjahr.

- **Nikolaus:** Der Gedenktag des heiligen Bischofs Nikolaus von Myra am 6. Dezember.

- **Ostern**: Das zentrale christliche Fest der Auferstehung Jesu Christi von den Toten, das am

- ersten Sonntag nach dem ersten Vollmond im Frühling gefeiert wird.

- **Palmsonntag:** Der Sonntag vor Ostern, der an Jesu Einzug in Jerusalem erinnert.

- **Pfingsten**: Ein christlicher Feiertag, der 50 Tage nach Ostern gefeiert wird und die Herabkunft des Heiligen Geistes auf die Apostel und die Entstehung der Kirche markiert.

- **Reformationstag:** Evangelischer Feiertag am 31. Oktober zur Erinnerung an den Beginn der Reformation durch Martin Luther.
- **Silvester:** Der letzte Tag des Kalenderjahres, benannt nach Papst Silvester I.
- **Tag der Arbeit:** Der 1. Mai, ein internationaler Feiertag zur Würdigung der Arbeiterbewegung.

- **Tag der Deutschen Einheit:** Der Nationalfeiertag Deutschlands am 3. Oktober zur Erinnerung an die Wiedervereinigung 1990.
- **Totensonntag / Ewigkeitssonntag:** Ein evangelischer Gedenktag für die Verstorbenen, gefeiert am letzten Sonntag vor dem Advent.

- **Trinität:** Die christliche Lehre von der Dreieinigkeit Gottes, bestehend aus dem Vater, dem Sohn (Jesus Christus) und dem Heiligen Geist.
- **Vatertag:** In Deutschland mit Christi Himmelfahrt verbunden, ursprünglich ein Tag für Männerausflüge, heute oft als Ehrung für Väter verstanden.

- **Volkstrauertag:** Ein Gedenktag für die Opfer von Krieg und Gewaltherrschaft.

- **Weihnachten:** Ein christliches Fest, das die Geburt Jesu Christi feiert und am 24. und 25. Dezember begangen wird.

Liste von Quellen und weiterführender Literatur

- **Bibel**: Die Heilige Schrift der Christen, die das Alte und Neue Testament umfasst und die Grundlage vieler der besprochenen Feiertage bildet.
- **Katechismus der Katholischen Kirche**: Eine umfassende Darstellung des katholischen Glaubens und seiner Lehren, einschließlich der Bedeutung von Feiertagen wie Allerheiligen und Fronleichnam.
- **Evangelischer Erwachsenenkatechismus**: Eine Einführung in die Glaubenslehren und Bräuche der evangelischen Kirche, darunter auch die Bedeutung von Feiertagen wie dem Buß- und Bettag.
- **"Die Deutschen Feiertage – Entstehung, Bedeutung und Brauchtum" von Karl-Heinz Göttert**: Ein umfassendes Werk über die Geschichte und Bedeutung der verschiedenen Feiertage in Deutschland.

- **"Kirchenjahr – Feste und Bräuche im Jahreskreis" von Friedrich Schweitzer:** Eine tiefgehende Analyse des kirchlichen Jahreskalenders und der Bedeutung der christlichen Feste.
- **Enzyklopädie des Christentums:** Eine Sammlung von Artikeln zu den theologischen Grundlagen, historischen Entwicklungen und kulturellen Aspekten des Christentums weltweit.
- **"Geschichte des deutschen Nationalfeiertags" von Heinrich August Winkler:** Eine detaillierte Untersuchung der deutschen Feiertage wie dem Tag der Deutschen Einheit.
- **Internetquellen:**
  - *Evangelische Kirche in Deutschland (EKD)* – www.ekd.de
  - *Deutsche Bischofskonferenz* – www.dbk.de
  - *Bundeszentrale für politische Bildung (bpb)* – www.bpb.de (Informationen über die historischen Hintergründe von Feiertagen wie dem Tag der Deutschen Einheit)